AF398554

ISBN: 3-8311-0918-4
erste Auflage 2000
Herstellung: Libri Books on Demand
Idee, Layout, gestalterische Mittel, Umsetzung: Graunke/Walter
Visualisierung des Layouts am Computer: Walter
Gedichte: Graunke
Fotos: Walter (außer Foto zu "Boy", "Was ich dafür krieg": Graunke)
Umschlagfoto: Walter
Umschlaggestaltung: Graunke/Walter
Handfotos: Walter/Graunke
Handmodel: Graunke

unverhüllt

-Gedichte-

Stefanie Graunke

Fotos: Steffen Walter

Diese Gedichte haben mich wieder aufstehen lassen.

Steffen Walter

Vorwort

Gedichte sind eine Art, Gefühle näher zu bringen als es ein flüchtiger Augenblick, ein kurzes Gefühl oder eine Einsicht können.
Einsichten z.B. kommen und gehen. Meistens vergessen wir sie, weil sie sich im Lebenstrott von selbst verlieren.
Diese Gedichte sind gepflastert von Einsichten die gemacht wurden, die aufgeschrieben wurden, die nicht vergessen werden sollten, um Gefühle zu verarbeiten und diese den Menschen, die sie lesen weiterzugeben und nahezubringen.
In Gedichten offenbare ich dem Leser meine Intension, meine Aggression und meine Vision.
Ich lege meine Gedanken dar.
Unverhüllt.

Stefanie Graunke

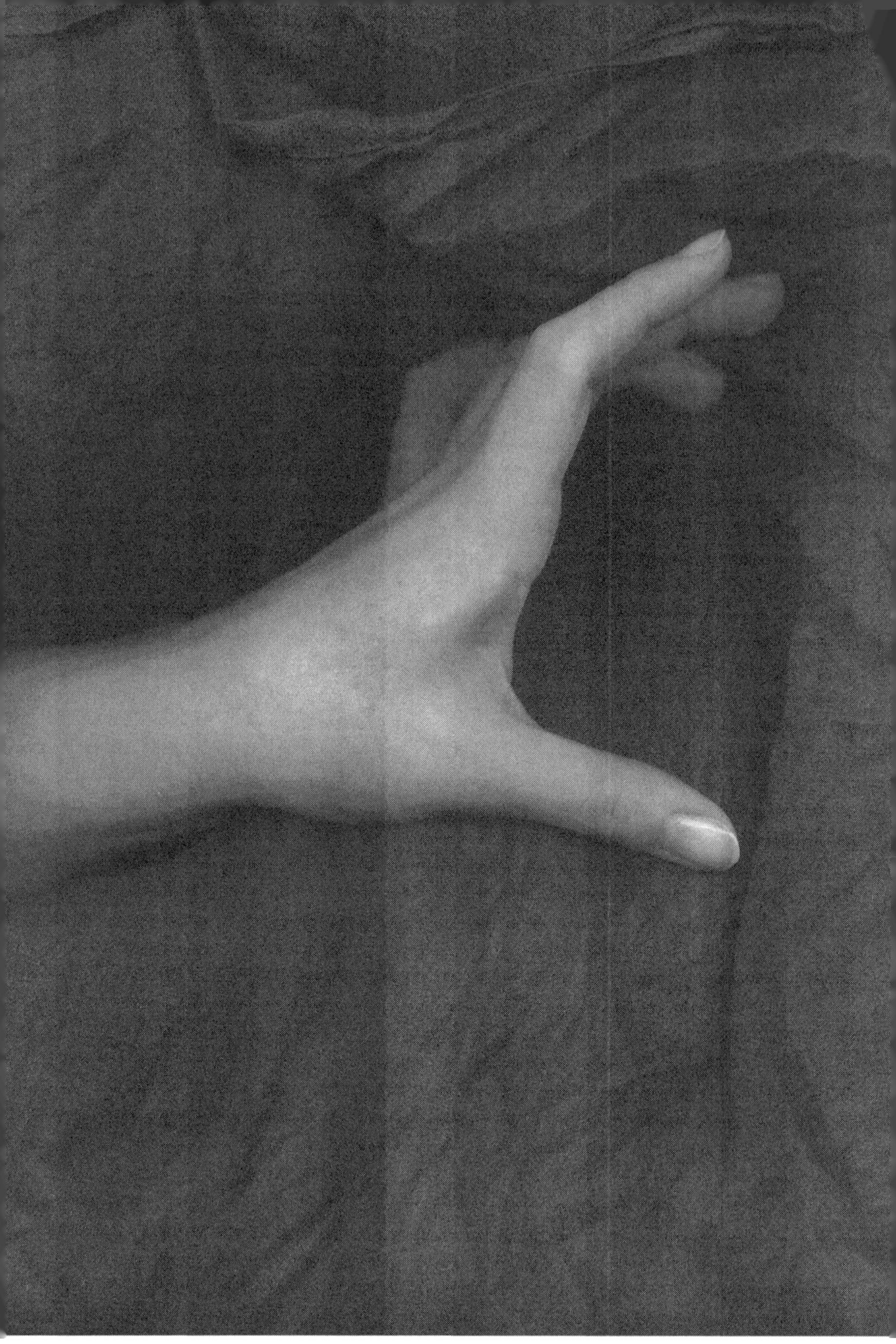

Weshalb ich schreibe

10.10.1998

Ich liebe die Gedichte, die ich schreibe,
weil ich mich in ihnen wie nirgends sonst zeige.
Wer zwischen den Zeilen lesen kann,
der ist auch in diesem, in meinem Bann.

Ich bin wohl mein größter Fan, das glaub ich mal.
Aber das ist egal, denn ich hab ja die Wahl.
Ich liebe die Sätze, die ich vollbringe.
Es ist egal wenn ich sehe wie Du sie auswringst, solange ich sie auswringe.

Für keinen Menschen bedeuten Worte das gleiche.
Damit ermesse ich die dunklen Ecken meines Herzens und meine Reiche.
Niemand versteht dieses Gedicht, so wie ich.
Das ist es, weshalb ich schreibe
. . . ich schreibe es für mich und für Dich.

WARUM?

02.10.1997

Warum dem Kind einen Namen geben,
wenn es alt wird und grau und stirbt?
Warum der Natur auch nur einen Blick schenken,
wenn sie blüht und dann wieder verdirbt?

Warum erst anfangen, Gedichte zu schreiben,
wenn sie in den Herzen aller Menschen doch nie verbleiben?
Warum nur eine Liebe beginnen,
wenn Lieben im Zeitstrom alle verschwimmen?

Warum studieren? Warum nur lernen?
Der Tod reißt uns alle in andere Fernen!
Warum sollen wir den Toten gedenken?
Sie werden kein Lächeln uns mehr schenken!

Warum die Türe öffnen,
wenn sie sich wieder von selbst verschließt?
Warum Blut bewahren,
wenn es sich über dem Schlachtfeld vergießt?

Warum Lachen nach dem Weinen?
Das Weinen kommt zurück!
Warum laufen auf den Beinen?
Lahmheit nimmt uns jedes Stück!

Warum? Warum? Warum?
Dieser Gedanke hält mich stumm.

Das WEIL......ist mein Heute.
Das WEIL .....ist eine riesige Gefühlsmeute.

Das WEIL .....ist mein SEIN.
Das WEIL......ist dieser Reim.

Ich mag wohl später vergehen.
Doch noch ist es nicht geschehen.

Bist Du es MÜDE ?

28.07.1993

Hast Du all die Bücher gelesen, die sie sagten :
„Lies! Sie werden Dir helfen zu genesen!" ?

Hast Du all die Dinge gelassen, die sie sagten :
„Tu`s nicht! Willst Du, daß wir Dich hassen?" ?

Hast Du all die Sachen nicht gesagt, die sie Dir sagten :
„Deine Stimme ist damit geplagt." ?

Hast Du keine Lust mehr auf Kontrolle?
Bist Du es MÜDE in dieser, Deiner Rolle?

Hast Du ihnen all ihre falschen Töne zurück gegeben?
Bist Du es müde mit dem grauen Leben?

Hast Du aufgehört, selbst für Dich zu denken?
Wirst Du Dir ständig selbst als einziger Dinge schenken?

Hast Du verstanden, was Manipulation bedeuten kann?
Bist Du noch in Deines Peinigers Bann?

Hast Du keine Lust mehr auf Kontrolle?
Bist Du es MÜDE in dieser, Deiner Rolle?

Hast Du immer das getan, was man von Dir wollte?
War alles in Deinem Leben so, wie es sein sollte?

Hast Du die Nase voll von dem Getue?
Willst Du antworten: "Ach, laßt mich doch alle in Ruhe!" ?

Hast Du ein Recht auf Individualität, glaubst Du das?
Was ist Dir im Leben alles verwehrt worden, was?

Hast Du keine Lust mehr auf Kontrolle?
Bist Du es MÜDE in dieser, Deiner Rolle?

Hast Du angefangen, in Dir den Schuldigen zu sehen?
Kannst Du diese seltsame Wendung in Dir verstehen?

Hast Du versucht, dem Druck zu entkommen?
Bist Du dieser Falle, die über Dir steht entronnen?

Hast Du einen Schluß daraus gezogen für Dein Leben?
Glaubst Du, Du kannst Anderen heute etwas geben?

Hast Du keine Lust mehr auf Kontrolle?
Bist Du es MÜDE in dieser, Deiner Rolle?

Morgen ist alles besser! - ?

10.03.1995

Ich wollte mich hinlegen und alles vergessen,
all den Ärger und die Wut.

Ich hoffte auf den neuen Tag,
der mir Mut und Kraft spenden sollte.

Die Sonne ging unter.
Die Dämmerung schien alles zu verschlingen.

Ich ließ mich ganz in sie hinein sinken.
Ich fühlte die Göttlichkeit der Sonne,
den Wirbel der Gezeiten,
die Kraft des Mondes.
Ich hörte das Wasser rauschen
und die Vögel jubilieren.
Ich stand im gläsernen Raum der Vergebung und der Reue.
Dort wurde ein Fest für mich gegeben.
Ich tanzte mit Vergessen und mit Ignoranz.
Diese wußten mir viel zu berichten.
Auch Rache und Haß waren zum Fest gekommen.
Ich ließ mich auf die Diskussion ein.
Sie hatten mir viel zu sagen.
Ich kannte es aber alles schon,
denn beide waren mir zwei stetige Begleiter.
Sie führten mich zum weichsten Bett des Hauses.
Sie sagten, es begleitet mich und die Sorgen ins bessere Morgen.
Die Federn schienen so weich wie Butter zu sein.
Ich ließ mich ganz in sie hinein sinken.

-

Als ich die Augen wieder öffnete,
war es Tag geworden...
...und nichts war besser.

Du weißt, Du bist, Du kannst

13.05.1994

Du weißt
was es heißt,
die Gefahr zu sehen,
mitten in ihr zu stehen,
in den Nebel zu gehen
und mich zu verstehen.

Du bist bereit.
Du bist dazu gefeit
mein zu sein.
Ich schöpfe Dich rein.
Ich kann Dein Licht überschauen.
Ich kann und will Dir vertrauen.

Du kannst es verbinden,
kannst uns beide überwinden.
Du hast die Kraft,
verbunden mit des Herzens Macht.
Du bist der hellste Stern
und scheinst daher nah nicht fern.

Du weißt
was es heißt,
für mich da zu sein.
Siehst in mich hinein.
Für Dich bin ich nicht klein.
Du machst mich mit Dir rein.

Du bist bereit.
Du bist dazu gefeit
mir meine Angst zu rauben,
mich zu führen zu dem tauben
Sinn, der für viele ist der Glauben.
Und ich kann Dir diesen Sinn im Unsinn glauben.

Du kannst es verbinden,
kannst uns beide überwinden.
Du bist der allergrößte Schatz,
gezeugt von diesem Wort und diesem Satz.
Ich mache Rast in Dir.
Du weißt,
Du bist,
Du kannst...
mich ruhen lassen in mir.

Der erste Schnee

18.01.1995

Es schneit.
Wie wunderschön,
wie rein...
mein Gott,
wie könnt`es anders sein.

Die Schaukel ist nun leer gefegt,
Hoffnungen auf Sonne weggelegt.
Die Rutschbahn...
selbst im Sommer unbesucht,
Hindernisse längst verflucht.

Es schneit.
Wie wunderschön,
wie rein...
mein Gott,
kann neues Leben sein.

Wie Federn fallen sie hernieder,
zerfließen hier auf jedem unserer Glieder.
Wasser,
das uns hindert.
Schnee,
der unsere Schmerzen lindert.

Es schneit.
Wie wunderschön,
wie rein...
mein Gott,
kann eine Liebe sein.

Unser Atem haucht ihn fort.
Der Winter geht,
bleibt doch stets
an diesem Ort.

Träume werden nun geweckt,
glücklich sein nicht mehr versteckt.
Das ist der reinigende Schnee.
Nichts im Leben tut im Schnee mehr weh.

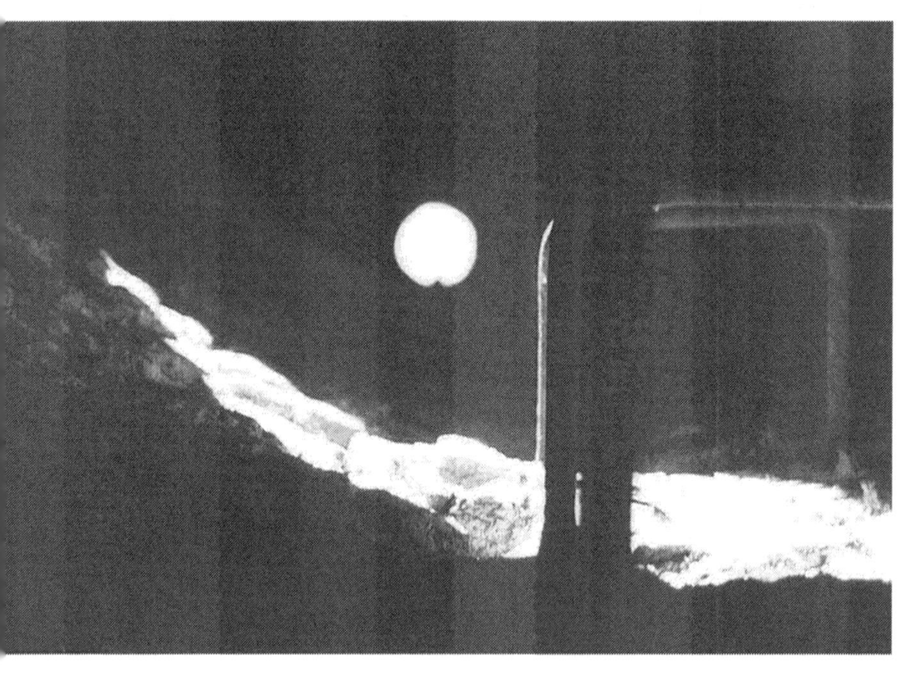

Allein im Sein.

03.04.1995

Allein ward ich nun,
allein,
ohne Licht.
Suchend:
das Nichts.
Findend:
das Tun
des kurzen Moments
ohne zu ruhn.

Allein ward ich einst,
allein,
ohne mich,
allein,
um zu sein,
um zu gedeien.

Allein ward ich nun,
allein,
ohne Licht.
Suchend:
das Nichts.
Findend:
das Tun
des kurzen Moments,
ohne zu ruhn.

-

Ich finde mich dann... im Sein
und bin nicht mehr allein.

Sie sagten, die Stille könnte sprechen

05.08.1995

Sie sagten, die Stille könnte sprechen.-
"Tut sie das?"
Es trieb mich zur Einsamkeit.
Genug von der Zweisamkeit.
Ich saß nur da und Niemand sprach...
Auch die Stille nicht.-

Und ich sprach zur Stille:
"Hey, sag mir...?
  Was kannst und willst Du mir sagen?
  Los, mach schon!
  Länger kann ich dies hier nicht ertragen."
Ich saß nur da und Niemand sprach...
Auch die Einsamkeit nicht.-

Mein Echo flog weit durch den Raum.
Ich konnte es hören,
aber nicht schauen.
Und ich fragte mich,
was Sie wohl meinten im Sagen,
die Einsamkeit würde sprechen;
das wollte ich wagen.-

Die Zeit zerfloß und ich stand nur im Raum,
schon halb an der Tür,
als wollte ich nach Menschen schauen.

Da, auf einmal wurde mir klar,
daß Stille und Einsamkeit längst gesprochen hatten.
Ach, wie wahr!

Ich sah mich nun allein im Raum,
als könnte ich der Stille ins Auge schauen.
Die Türe schließend
und genießend,
ließ ich sie zu...
die Heiterkeit der Einsamkeit.

Und es trieb mich hin
zur Einsamkeit.
Genug
...von all der Zweisamkeit.

Jugend erforscht...
und Mutter horcht

20.08.1995

Die Lust verlocket.
Das Kind jedoch hocket
neben Mama.
Und die bleibt da.

Das Kindelein geht.
Die Mutter steht
neben dem Kind
und ist da,
wie der Wind.

Das Kind ist allein,
denkt sich in die Lust hinein.
Es will sich ihr ergeben,
will sich in sie legen.

Es denkt an Muttern,
deren stetiges Gluckern
und es verliert das Vertrauen
auf seine Lust zu bauen.

Kindelein läßt die Lust nun sein.
Denkt es innerlich doch:
 "Nein!
   Sollte ich jetzt in die Lust eintauchen?
   Sollte ich sie als Mittel zum Zweck gebrauchen?
   Mich verschmutzen?
   Mich selbst benutzen?"

Von Vorwürfen geplagt,
die Lust endgültig verjagt,
begibt das Kind sich nun zu Bett.
Und Mutter denkt:
 "Wie nett!"

shivaart@1995

Schwarze Frau

15.03.1998

Ich liebe sie,
die schwarze Frau.
Ich fühl sie nie,
wenn ich sie schau.

Sie gibt mir Kraft.
Sie gibt mir Stolz.
Mit ihrer Liebe Macht
ist sie nie aus Holz.

Sie tröstet mich.
Sie glaubt dem Wort
von der Kälte aus Nord.
Sie flößt sich
hinein in den dunklen Ort.

Und in meinem Herz
ist sie das weiche Futter.
Ich fühle großen Schmerz,
denn sie ist nicht meine Mutter.

Sie zeigt mir spirituell
wie meine Seele ist.
Diese ist so hell.
Ich konnt sie nicht sehn; hab sie vermißt.

Ihre Hände
klopfen an meines Herzens Wände.
Auf daß ich mich ihr zuwende,
bis zu meinem Ende.

Sie lebe ich,
die schwarze Frau.
Sie lehrt mich,
wie ich die Welt anschau.

Ängstlich?

30.04.1995

Aha!
Ein Mensch soll sich also nicht fürchten dürfen,
ja?
Wer sagt das?

Ein Mensch darf sich fürchten!
Jedoch sollte er dies erst dann tun,
wenn das was er fürchtet
wirklich eintritt.

Wozu
vorher
unnötig
Zeit
vergeuden
?

Das Leben ist kurz genug.

Ωασ Σχηνηειτ ιστ

(...was Schönheit ist...)

06.08.1998

Schönheit ist, nicht das zu tragen,
was ALLE sich zu tragen wagen.
Schönheit ist es, das zu tragen
wovon die meisten sagen,
es sei nicht zu ertragen.

Schönheit ist es, das zu schlichten,
was ALLE der Schönheit wegen vernichten.
Schönheit ist es, das zu brauchen
wovon den meisten die Köpfe rauchen,
wobei sie nicht in die Schönheit tauchen.

Schönheit ist es, das zu brechen,
wofür sich die Frauen im Kampf ausstechen.
Schönheit ist es, pur zu sein.
Künstlichkeit wird klein.
Kein Auge sagt mehr NEIN.

Schönheit ist es, Haut zu zeigen,
zu tanzen im nackten Reigen.
Schönheit ist es, wässrig zu schwappen,
und zu tanzen, im Röckchen, dem knappen,
während die Lungen nach Atem schnappen.

Schönheit ist es, die besticht,
die alle Regeln der Seelen bricht.
Schönheit zeigt sich nur im Sein.
Drum sei! Und Deine Schönheit sei mein.

Schönheit ist die Stimme,
bezaubert alle wissenden Sinne.
Schönheit ist im Gehen.
Das läßt den Betrachter stehen.
Das läßt Erotik weich und rot verwehen.

Schönheit ist, den Sinn zu sehen,
ohne über Grenzen zu gehen.
Schönheit ist es, sich selbst zu ehren,
und sich seiner Liebe nicht zu verwehren.

Vogel ist tot.

07.04.1998

Vogel ist tot.

Mein Vogel ist tot.
Er starb ohne Angst und Not.
Es hat ihn nie gegeben,
drum vermißt er nicht sein Leben.

Mein Vogel ist tot.
Das ist für mich das Gebot
ihn zu rächen,
und Dich zu brechen.

Mein Vogel war frei,
und dabei im Netz gefangen.
Dir war das einerlei.
Deinem Netz ist er nicht entgangen.

Mein Vogel war frei.
Heut ist es, wie es immer sei.
Denn mein Vogel ist tot
und sein Blut läuft rot.

Mein Vogel war rein.
Ich sehe ihn vor mir, klein,
zierlich kam er geflogen.
Er hat mich nie belogen.

Mein Vogel ist fort,
irgendwo, ich weiß nicht.......dort?
Nein, er ist es nicht.
Es war nur des Vogels Licht.

Vogel ist tot.

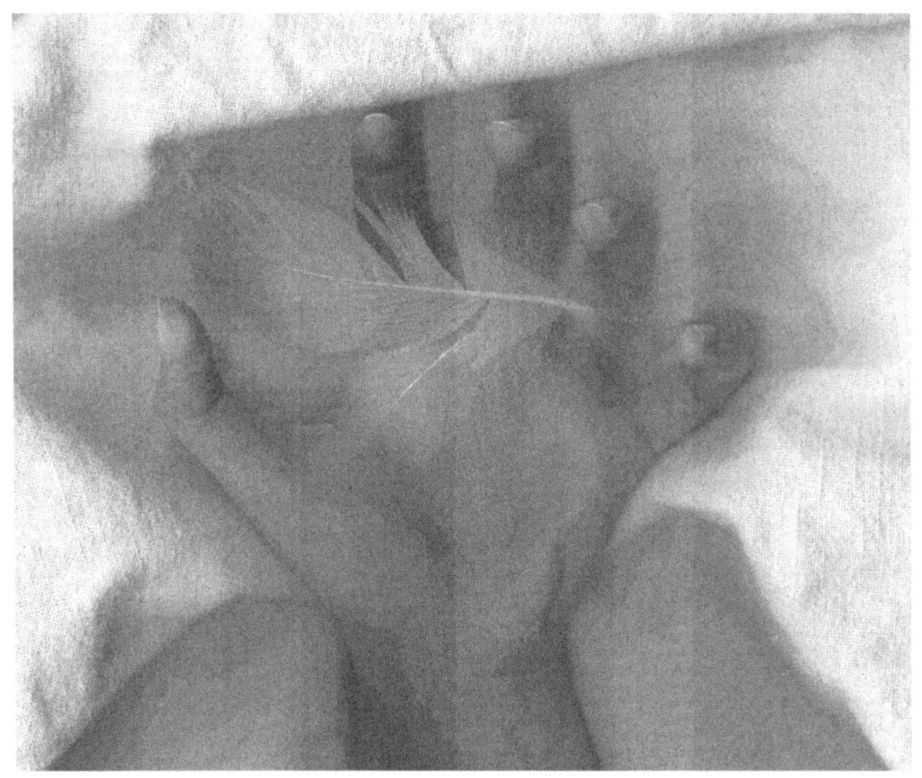

Ich vermisse Dich

11.06.1993

Gestern erst sah ich Dich.
Trotzdem vermisse ich Dich.

Ich denke an unsere Dummheiten.
Trotzdem vermisse ich Dich.

Ich denke an Tränen, Deinetwegen.
Trotzdem vermisse ich Dich.

Ich habe Fehler.

Trotzdem liebst Du mich.
Deshalb vermisse ich Dich.

Sehnsucht

11.08.1998

Sehnsucht ist es, Dich zu sehen
ohne wirklich in Dich zu gehen.

Sehnsucht
ist es, Dich zu verstehen
ohne es wirklich
so zu sehen.

Sehnsucht
ist es,
auf Dich
zu warten
ohne wirklich
etwas zu starten.

Sehnsucht
ist es,
Dich
zu küssen
ohne Dich wirklich
küssen zu müssen.

Sehnsucht
ist es,
da
zu sein
ohne wirklich
hier zu sein.

Sehnsucht
ist es, das zu schreiben
ohne wirklich
Gedanken zu meiden.

Sehnsucht ist es, Dich zu lieben.
ohne wirklich jemals Deine Liebe zu kriegen.

Die Wasserpfütze

24.05.1999

Ich stehe vor der Wasserpfütze.
Im Inneren frage ich mich, ob sie mir nützt oder ob ich ihr etwas nütze.
Und ich schätze mal, das beides stimmt.
Ich schätze, daß ich ihr und daß sie mir etwas nimmt.

Sie war ohne mich so kahl und allein.
Nur Vögel, Dreck und Autos waren in ihr daheim.
Mit mir erstrahlt sie in neuem Glanz.
Nur mit mir ist sie jetzt als Wesen ganz.

Ich war ohne sie nicht für mich zu sehen.
Nur vorbei schlendernde Unwissende konnten mich im Sehen verstehen.
Sie sahen das weibliche Wesen,
daß so kurz entfernt stand von seinem Genesen.

Sie war ohne mich lediglich ein Spiegel ohne Sinn.
Erst mit mir gab es den ultimativen Lebensgewinn.
Durch mich wurde sie der Spiegel eines Ganzen.
Durch sie und mich wurden wir zum Paar im Tanzen.

Ich war ohne sie verlassen.
Ich begann mein Wesen ohne sie leichtfertig zu verlassen.
Begann andere Menschen einfach nur zu hassen,
weil sie mich nicht im Schlendern allein ließen und lassen.

Ich stehe vor der Wasserpfütze.
Im Inneren frage ich mich, ob sie mir nützt oder ob ich ihr etwas nütze.
Und ich schätze mal, das beides stimmt.
Ich schätze, daß ich ihr und daß sie mir etwas nimmt.

Zusammen strahlen wir so viel aus und andere an.
Das Leben wirft sich an uns ran mit seinem Freund, dem Bann.
Die Wasserpfütze zeigt mir mein Sein.
Dafür gehe ich in sie ein.

Zusammen sehen wir, wer wir sind.
Wir sehen, daß die Zeit zwar zerrinnt.
Aber in diesem Wasserpfützen - Augenblick
teilen wir das sich selbst erkennende Lebensglück.

Träum Weiter!

08.11.1995

Es war wie einer dieser langen, schneereichen Tage im Juli, an denen wir auf der
Sonne zum Mars ritten.

Die Häuser gingen in der Windstille unter.

Tücher standen fest auf den Bäumen der Wüste und signalisierten Angst.

Gelbe Augen flogen zu den Fenstern hinaus und stiegen empor in die Erde
der Blumen.

Wasser lief die Treppen der Häuser bis zum Erdgeschoß hinauf.

Bilder von Dir wurden unter meinen Füßen blank gewischt.

Ein Duft von Sinnlosigkeit hüllte unsere Kleidung ein und ließ sie alles abstoßen,
was ihr nahe kam.

Deine Haare legten an meiner Schwelle Fragen ab.

Schnee floß aus meinen Zehen und ich konnte auf ihm abrutschen.

Düstere Worte kitzelten meinen Verstand bis in die Morgenstunden des nächsten
Jahres.

In mir brodelten Blicke auf und kochten sich selbst nieder.

Babys zeigten mir den Weg in die Vergessenheit.

Wegweiser drehten sich von mir weg.

Vorhänge hüllten mich nackt ein.

Das Essen in Deinem Magen kam aus meinem Mund.

Spiegel beschmierten mich mit Taubheit.

Fenster wurden zu Wänden, durch die ich schritt.

Die Flügel der Vögel und Klaviere gehorchten meinem Befehl der Zwangsarbeit.

Worte flossen in meinen Mund und wölbten ihn zur Antwort nicht aus.

Mein Rücken hielt mich für verrückt und ich stritt mich mit ihm darüber.

Deine Küsse sickerten in diesen Satz hinein, ohne auf meinem Körper zu landen.

Ich fühlte mich seltsam widersprüchlich in meiner Wahrheit.

Schreie und Sprachen der Wunden ließen mich weghören und nach meinem Leid sehen.

Ein Geschmack von Demut zeigte meinen Fingern, wo mich die Welt nie brauchen würde.-

......................meine Sinne explodierten mit dem Aufschlag meiner Augen.

Und Du sagtest: "TRÄUM WEITER!"

Danksagung

27.01.1997 / überarbeitet am 05.10.1998

Danke für die Nachhilfe in Schmerz und in Pein.
Ansonsten hatte ich ein schönes Sein.

Aber eine mehr kann ich nun betrachten.
Und ansonsten kann ich es verkraften.

Danke für Enttäuschung und DANKE, ...- verdammt!
Hatte ich mich für das schon bedankt?

Danke für die Trauer.
Und vielen Dank für Deine Mauer.

Jeder Stein zwischen den Augen und der Stirn
prallte beim Versuch des Überwindens auf mein Hirn.

Danke für die Lehre, die Du mir damit erbracht.
Was hätte ich aus meinem Leben nur ohne sie gemacht?

Danke für Worte so scharf wie ein Messer.
Danke für die Einsicht, : "Du weißt es besser!"

Danke für die Furcht im Herzen.
Damals verursachte sie viele Schmerzen.

Danke für Das Lügen und Betrügen.
Das soll aber jetzt an Dank auch genügen.

Danke für die Nachhilfe in Schmerz und in Pein.
Ansonsten hatte ich ein schönes Sein.

Kleiner Junge

mit den großen Träumen.

18.03.1996

Will nie eine andere Liebe finden,
sondern sich auf ewig an mich binden.
Will mein Mann sein und ich seine Frau.
Das dies nicht geht, weiß er eigentlich genau.

Schmiedet Pläne von Geld und Glück,
und ich mißtraue ihm kein Stück.
Sieht nur uns zwei am Strand,
Hand in Hand.
Schlendern dort liebend
in einem warmen Land.

Schließt die Augen und träumt vor sich hin.
Auch ich seh nur ihn und geb mich
dem Traum hin.

Kleiner Junge, ich gehe mit Dir.
Kleiner Junge, bleibe bei mir.
Kleiner Junge, verzaubere mich.
Kleiner Junge, ich liebe Dich.

Wer weiß, ob ich einen Fehler begehe?
Wer weiß, wie lange ich zu dem Gesagten stehe?
Wer weiß, wie lang die Zeit uns treibt.
Wer weiß schon, wie lange er bei mir bleibt?

Schließt die Augen und träumt vor sich hin.
Auch ich seh nur ihn und geb mich
dem Traum hin.

Will nie eine andere Liebe finden,
sondern sich auf ewig an mich binden.
Will mein Mann sein und ich seine Frau.
Das dies nicht geht, weiß er eigentlich genau.

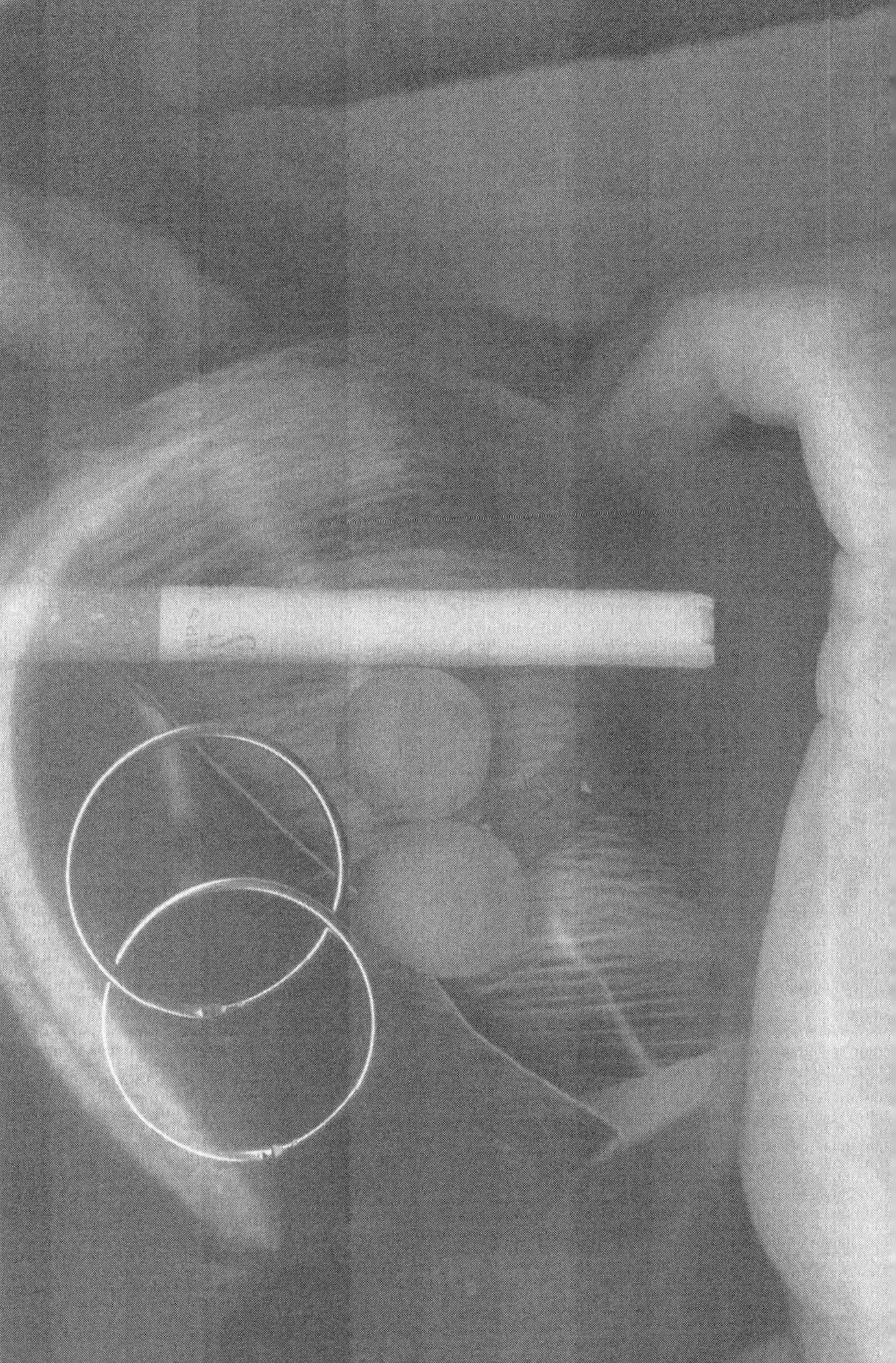

Zeugen der Erinnerung.

21.08.1995

Sanfter Wind über meine Schultern streift,
mir Tränen der Sehnsucht in die Augen treibt.
Ich laß die Tränen fließen.
Will den Schmerz genießen.

Kleiner Schmerz
im großen Herz.
Kleine Erinnerung
an die große Verbitterung.

Gefühle verwesen.
Seelen genesen.
Schmerz ist allein.
Laß es so sein!

All ihr Bilder an der Wand,
all ihr Ringe an der Hand,
alle nur Zeugen der Erinnerung
an den schmerzhaften Ausgang einer Liebesbeziehung.

Kleiner Schmerz
im großen Herz.
Kleine Erinnerung
an die große Verbitterung.

Gefühle verwesen.
Seelen genesen.
Schmerz ist allein.
Laß es so sein!

All ihr Briefe,
Wände nun kahl,
hab euch gelesen
schon tausendmal.

Briefe brennen.
Wände trennen.
Gefühle verwesen.
Seelen genesen.
Schmerz ist allein.
Laß es so sein!

Alltagsphantasie

03.12.1995

Zu alltäglich.
All zu kläglich.
Alltag ist zu grau.
Zumindest für diese Frau.

Der Morgen kommt zu schnell.
Die Arbeit ist zu grell.
Dann muß sie die Augen schließen.
Beginnt ihre Phantasie zu genießen.

Am liebsten will sie einfach gehen.
Sie will sich alles eingestehen,
worauf sie davor nie baute,
trauen, wem sie niemals traute.

Alles einfach verlassen.
Im grauen Tag nichts verpassen.
Für immer gehen,
Ihn jeden Tag sehen.

Das Meer und ein Mann.
Die Alltagsphantasie brachte sie in deren Bann.

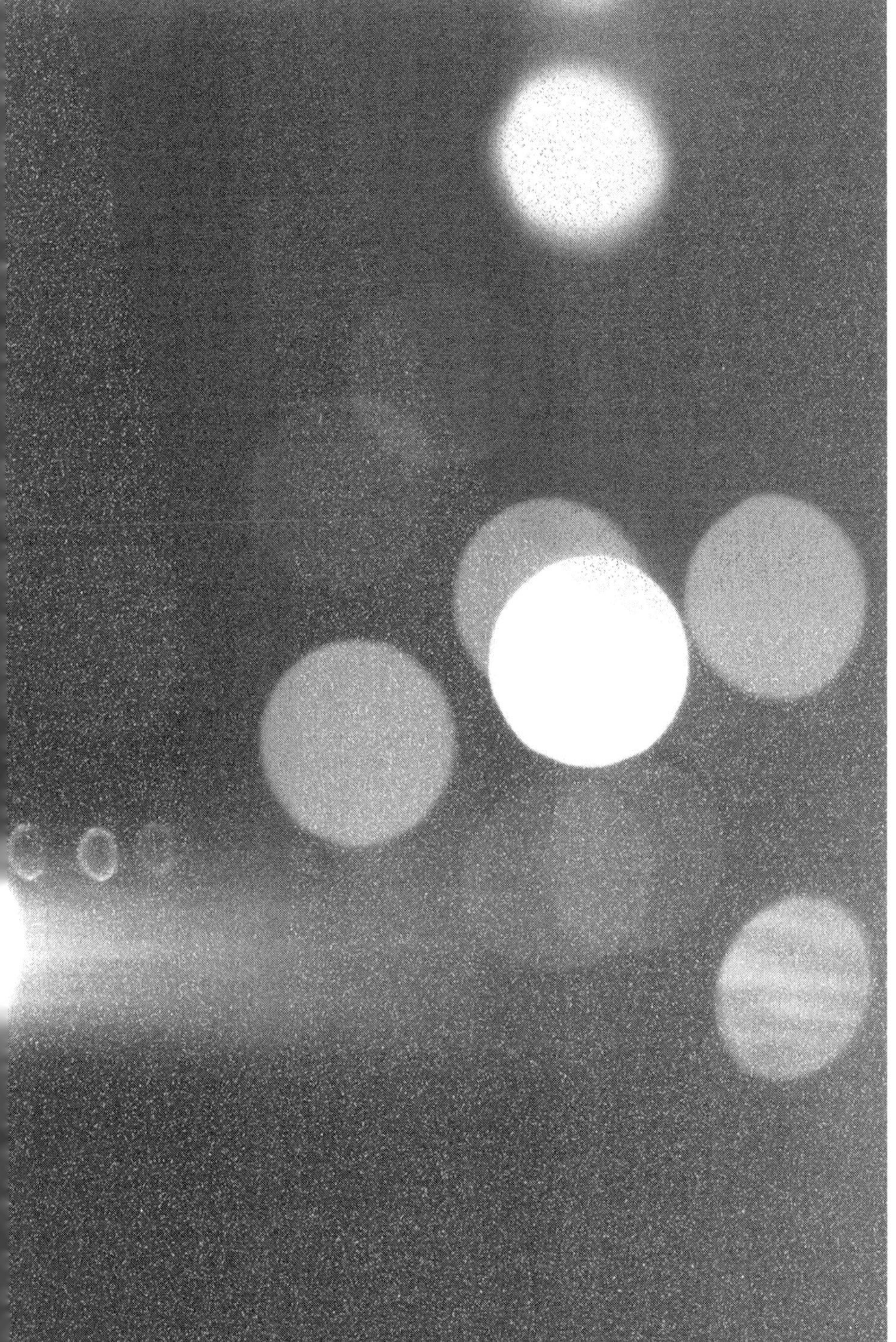

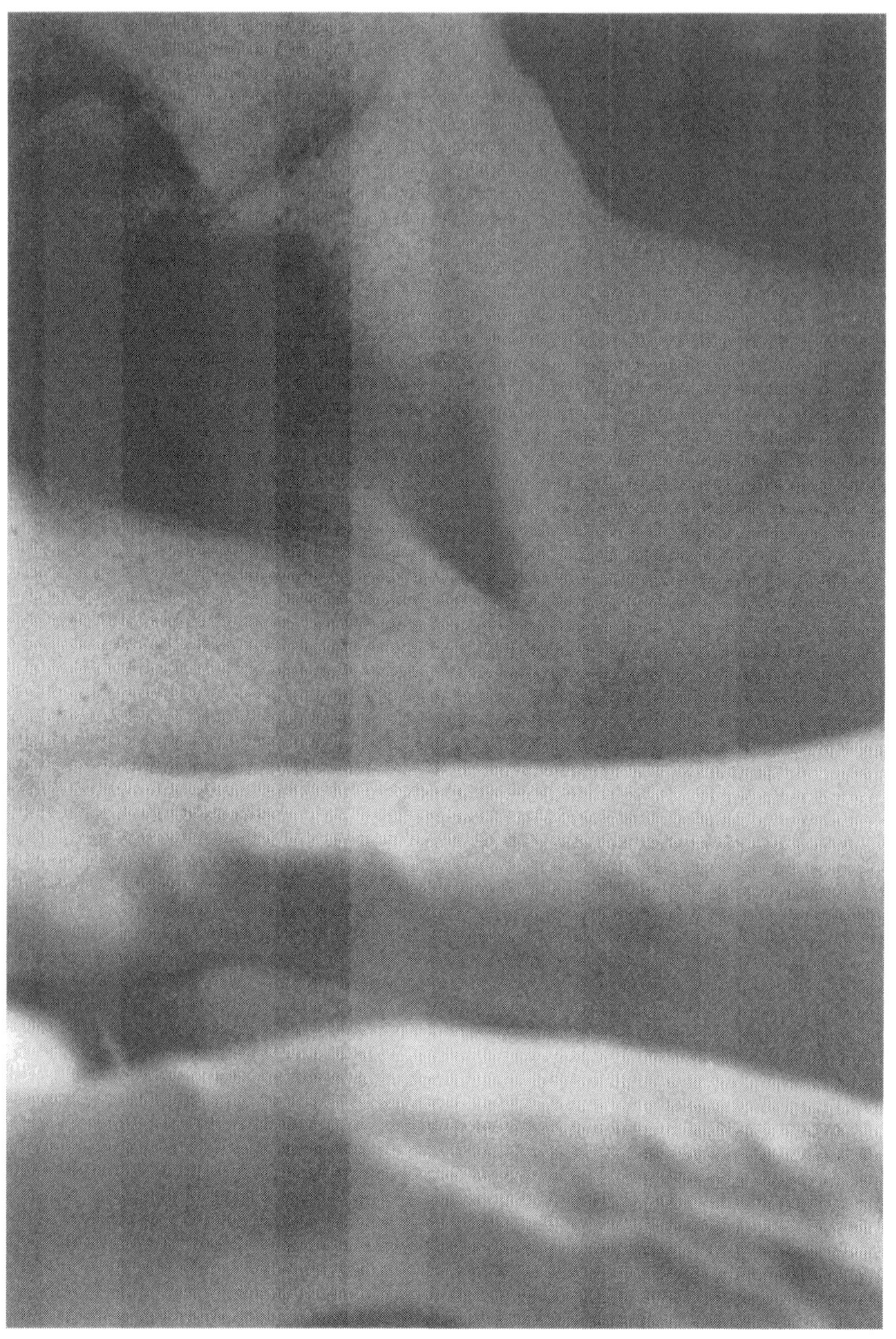

BOY

25.04.1996

Breite Schultern.
Oh mein Gott!
Voll im "Rudern".
So ein Schrott!

Total im Baggern.
Voll im Sabbern.
Ganz im Schnattern.
Herzen Flattern.

Groß und dunkel.
Wildes Blut.
Über Ihn wird gemunkelt.
Ich zieh den Hut!

Wilde Rhythmen.
Schleudert Blicke.
Bin am Zittern.
Bin am Nicken.
Bin am Flirten.
Bin am Kicken.

Mein Gott,
wo wurde der geboren?
Dreht sich um.
Ich bin verloren!

Suche wirr nach Worten.
Renne verstört durch Pforten,
an irgendwelchen Orten.

Öffne Die Augen,
bin noch im Glauben
des Wissens aller Augenblicke...
Hat 'ne Andre!
So 'ne Zicke!

Breite Schultern.
Oh mein Gott!
Voll im Rudern.
So ein Schrott!

Geschichte

05.02.1998

Hab sie,
hab die Meine.
Kann nicht sehn
die Deine.

Jeder Tag ein Teil von einer.
Dieser Tag ist meiner.

Geschichten,
oh, tausend,
vernichtend,
aufbrausend!
Die Größe der Größe als größte Größe.
Als fiele es uns in die Schöße.

Meine Geschichte ist keine kleine.
Sehe außer ihr gar selten eine.

Tage,
oh, tausend,
vernichtend,
aufbrausend
wehen sie über meine Seele.
Auf daß keiner dieser Tage fehle.

Was braucht der Mensch an geschichtlichen Daten,
die ihm sowieso nichts zeigen der Taten?

Hat er doch ein Meer von Geschichten,
allein die seinen,
um zu berichten!

Worte,
oh, tausend,
vernichtend,
aufbrausend
wehen sie in mein Herz hinein.
Jeder von uns scheint mit seiner Geschichte allein.

Warte..

....warte..

Der Vergleich mit dem Haus

21.05.1995

Stellt man sich sein Leben in Form eines riesigen Hauses
mit vielen Türen vor,
so kann man auf interessante Erkenntnisse kommen.

Nehmen wir an, es ist Nacht, und wir wandeln in diesem Haus.

Jede Tür, die wir zu einem anderen Raum öffnen,
symbolisiert Stücke und Tage unserer Zukunft und Gegenwart.

Ich öffne nun also eine Tür und knipse das Licht an,
um etwas sehen zu können.

Im Augenblick ist es nur wichtig zu sehen, was in diesem Raum ist.

Wäre es jetzt nicht töricht, sich zu überlegen,
ob die Glühbirne im nächsten Raum kaputt ist?

Dort brennt heute sowieso noch kein Licht!........
denn heute sind wir in DIESEM Raum.

Unser aller "Haus" hat wohl nur Strom für ein Zimmer unseres Lebens.

Es wäre eine Verschwendung, alle Zimmer gleichzeitig zu beleuchten.
Womöglich würde das gesamte System überlastet.
.............Was uns dann
wieder im Dunkeln stehen ließe.

Perverser Friedhof

09.08.1998

Was auf der Welt kann schon perverser als ein Friedhof sein?
Wenn ich drüber lauf, über Mark und Knochen und Gebein,
dann fällt mir immer diese eine Frage ein.
Was auf der Welt kann schon perverser sein?

Verscharrte Körper, die den Boden verdrecken,
tote Körper, die wir mit Erde bedecken,
die alle Reinheit der Erde abschrecken.

Kreuze, so weit das Auge reicht, so weit ich Kreuze sehe.
Jedes Kreuz ist ein verwester Körper, über den ich lautlos gehe.

Über den Toten sind Blumen gepflanzt.
Ich sehe wäßrige Augen. Es werden Worte gestanzt.
Worte wie: "Die Toten gießen".
Worte wie: "Ich sehe sie zerfließen".

Pervers ist abartig. So ist der Sinn.
Wo ist der Sinn von Leichen in der Erde hin?
Ich sehe keinen Sinn. Gibt es einen Gewinn?

Auf dem Friedhof stehe ich auf toter Erde,
und ich schwöre mir, daß ich nicht auch zu ihr werde.
Ich mag wohl sterben,
wohl auch verderben,
aber werde nicht zu dieser Erde werden!

Leichen sollten brennen!
So sollten sie sich vom Leben trennen.
Ansichtssache, mein ich mal.
Der Friedhof ist für mich eine Qual.

Was auf der Welt kann schon so pervers wie ein Friedhof sein?
Friedhof ist das Gegenteil von Rein.

Wenn ein Leben vorbei ist und die Seele geht,
der Körper nun also ohne sie ist und nicht mehr steht,
dann ist er ein Nichts, dann ist er gestorben.
Dann hält er in sich keine Schätze mehr geborgen.
Dann sollte er gehen, gleich der Seele und verschwinden.
Dann sollte er sich nicht im Boden winden.

Der Körper, der so vergänglich ist, wird nun gehuldigt.
Ich stehe dabei und sehe es geduldig.
Eine Träne wird noch kurz vergossen.
Dann werden nur noch die Blumen gegossen.

Ich will kein Ort sein.
Ich will kein Hort sein.
Ich will kein Beet sein.
Ich will nur in einem Gebet sein.

Was auf der Welt kann schon so pervers wie ein Friedhof sein ?
Schon einmal darüber nachgedacht?
Was kann schon perverser sein?
Schon einmal darüber heimlich im Dunkeln gelacht?

Würdest Du mich gießen kommen?
Meinst Du, Du wirst der Erde entkommen?
Meinst Du, Du stehst darüber?
Meinst Du, Du seist klüger?

Perverser Friedhof, ... keiner muß meiner Meinung sein!
Trotzdem, lieber nähm ich den Körper samt der Seele mit HEIM,
als auf dem Perversen Friedhof zu sein.
Vielleicht geh ich in die Geschichte...., aber nicht in die Erde ein.

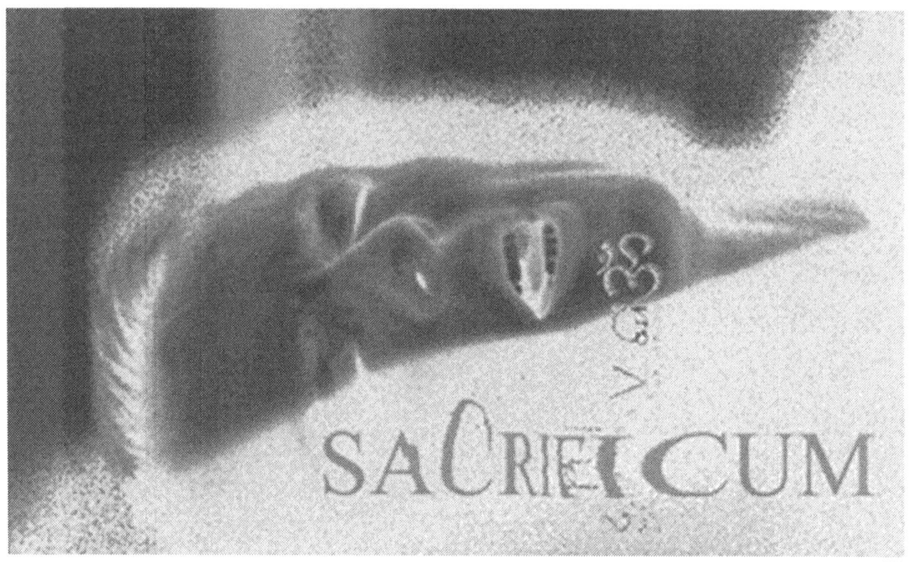

Träume.

04.03.1992

Träume sind wie Seifenblasen, oft fliegen sie weit fort.
Ich finde sie mal hier, mal gestern, mal heute, mal dort.

Träume können sich verhärten und zu Glasbällen werden.
Dann können sie zerplatzen... und das nicht nur hier auf Erden.

Dann sollte man nicht mit ihnen spielen und sie treten,
außer es wurde ausdrücklich um das Ende des Traumes gebeten.

Das
*VER*sehen

25.01.1997

Ich sehe das Gesehene.
Ich sehe das Geschehene.
War dieses Geschehen
ein schlichtes Übersehen?

Blick ich in die Lage,
bei der sich Jeder frage
ob er es kann, das Schauen
unter beiden Augenbrauen?!

Ich sehe das Gesehene.
Ich sehe das Geschehene.
War dieses Geschehen
ein schlichtes Übersehen?

War es nur ein Augenblick,
ein Blinzeln und ein kurzer Schritt
in die Augen eines Menschen,
ohne meine Schamesgrenzen?

Ich sehe das Gesehene.
Ich sehe das Geschehene.
War dieses Geschehen
ein schlichtes Übersehen?

Überschaute ich die Lage?
Und, wie war meine Frage?
Was war das Geschehen?
War es ein VERsehen?

Es tut mir so unendlich leid

18.02.1994

Ich geb's ja zu, ich bin schuld daran!
Dank mir fing alles noch einmal von vorne an.
Ich war nicht fair zu Dir oder gar gerecht.
Deshalb geht es mir heute schlecht.

Es tut mir so unendlich leid.
Mehr kann ich Dir nicht sagen.
Von diesem Leid werde ich nicht befreit.
Dieses Leid wird mich immer plagen.

Ja, ich war's, die Dich verbannte.
Es waren Tage wie dieser, die ich schon kannte.
Tage, an denen mich Jemand vergißt.
Tage, an denen mich Niemand vermißt.

Es tut mir so unendlich leid.
Mehr kann ich Dir nicht sagen.
Von diesem Leid werde ich nicht befreit.
Dieses Leid wird mich immer plagen.

Ich hoffe, Du kannst mir irgendwann verzeih'n.
Wenn nicht, dann sehe ich das auch ein.
Ich weiß, niemand ist perfekt, das will ich auch nicht sein.
Ich flöße nicht gerne Schmerzen ein.

Es tut mir so unendlich leid.
Mehr kann ich Dir nicht sagen.
Von diesem Leid werde ich nicht befreit.
Dieses Leid wird mich immer plagen.

Bitte glaube mir, daß ich immer an Dich denke!
Bitte glaube mir, daß ich Dir Gedanken schenke!
Du bist schon lange nicht mehr hier.
Du bist nicht mehr mein, ich bin nicht mehr Dir.

Es tut mir so unendlich leid.
Mehr kann ich Dir nicht sagen.
Von diesem Leid werde ich nicht befreit.
Dieses Leid wird mich immer plagen.

Man könnte auch sagen ich nehme ein Bad.

08.06.1998

Wellen, die mir ein Bett bereiten,
Wellen, die sich in mir verbreiten,
Wellen, die mich waschen,
die von meinem Schmutze naschen.

Sie breiten sich über und aus und auf.
Sie waschen mich nieder und unter und 'rauf.

Schmutz vergeht
und Tag verweht.

Etwas kräuselt leise,
auf eine kühle Weise
um die Nase meine.
Sind es Türen, sind es seine?

Wasser läuft auf mir umher.
Feinheit seh ich, ... der Tag ist leer.

Trüber Regen
schwappt in das Weben
und wäscht unser Haupt mal eben.
Er peitscht die Erde fort
und findet Steine dort.

Tropfen
die klopfen
an mein Haupt,
haben den Schaum mir geraubt.

Ich winde mich im Nassen,
bewege Unmengen von Wassermassen
hebe mein Haupt empor.
Glucksendes Wasser im Ohr
schau ich in die nasse Runde.
Bin mir bewußt der reinen Kunde.

Musik verführt zum schwanken,
bringt die Masse zum wanken.
"Jede Masse ist träge."
Dieses physikalische Gesetzt bringen meine Sinne nun zum Besten.
Ich sehe die Decke, die Schräge.
Sollte ich dieses Gesetz heute austesten?

Glitschig ist die Erde,
wenn ich heute zu ihr werde.
Denn ich bin gefangen
zwischen Millionen von Wasserstangen.

Gar düster ist der Tag.
Man könnte auch sagen ich nehme ein Bad.

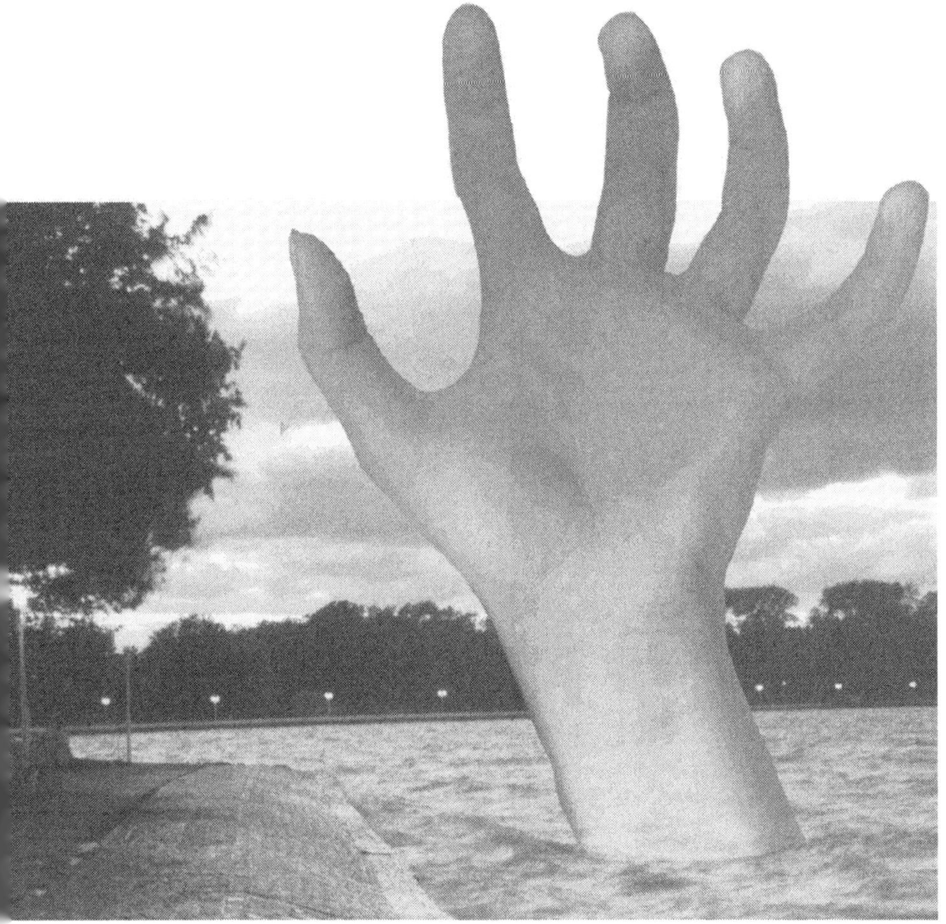

Ohne Dich

24.08.1994

Ohne Dich war ich allein.
Nein, so sollte es nicht sein.

Und ich dachte,
und wußte,
und hoffte,
und mußte...
Dich wiedersehen
und zu Dir gehen.

Ohne Dich war ich gefangen.
Das war mir leider nicht entgangen.

Und ich dachte,
und wußte,
und hoffte,
und mußte...
Dich wiedersehen
und zu Dir gehen.

Ohne Dich taumelte ich wie im Traum.
Darauf konnte ich nicht bau'n.

Und ich dachte,
und wußte,
und hoffte,
und mußte...
Dich wiedersehen
und zu Dir gehen.

Ohne Dich stand ich bei Dir.
Deine Hände umklammerten jede Rundung von Ihr.

Und ich dachte,
und wußte,
und lachte,
und mußte...
weitergehen
und mein Leben ohne Dich bestehen.

DER NIEMAND

05.06.1998

NIEMAND hat mich so verletzt.
NIEMAND hat mir SEINE Sünde heute nachgehetzt.
NIEMAND tat mir heute so weh.
Ach bleib jetzt nicht! Geh!

NIEMANDES Augen
wollten mir heute Nacht den Glauben rauben.
Glauben an Wahrheit.
Glauben an Klarheit.
Glauben an Worte,
die suchend klopften nach des Herzens Orte.

NIEMAND gab mir soviel Rätsel auf,
verfolgte niemals meinen Lauf,
log bei jedem Wort,
stahl sich lügend fort.

Das hat bisher nur der NIEMAND geschafft.
Das hat bisher nur der NIEMAND gemacht.

NIEMAND hat mich so betrogen.
NIEMAND war so verdammt verlogen.
Niemand war je so wenig er selbst wie Du.
Wenigstens hab ich jetzt davon Ruh.

NIEMAND war so zu bedauern,
eingeschlossen in schweren Mauern,
armselig in sich selbst verschwunden,
mit keinem Menschen wirklich verbunden.

Das hat bisher nur der NIEMAND erreicht.
Das hat dem NIEMAND aber noch längst nicht gereicht.

NIEMAND war je so sehr ein NIEMAND wie Du.
NIEMANDES Mund war sooo lange zu.
NIEMAND war so wenig wert,
daß man ihn nicht als Individuum erkennt und auch nicht dafür ehrt.

Und meine Gedanken drehen um Dich lange Kreise, lange Rollen.
Deine Eltern hätten Dich bei dem Gedanken
an den Buchstaben "N" gleich NIEMAND nennen sollen!
Obwohl, für einen NIEMAND wie Dich, wäre das fast noch zu gut.
Ich schätze daß "Ober - NIEMAND" genauso gut wäre und tut.

Ich kann nicht sagen, was uns verband.
Dagegen erhebe ich nicht meine Hand.
Ich schätze, daß keiner den anderen verstand.
Ich habe Dich als NIEMAND erkannt.

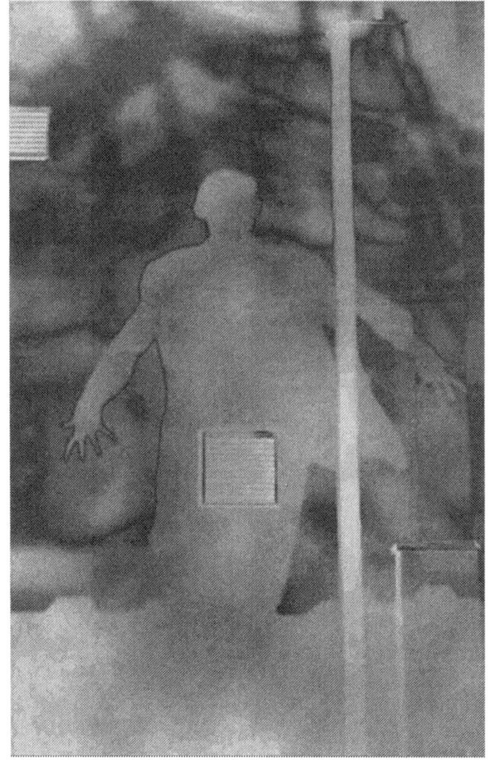

Schwarz, weiß, gelb und rot.

21.10.1993

Das 20. Jahrhundert ist voll von Fremdenhaß.
Ist es denn so wichtig, ob Du schwarz bist oder blaß?
Wichtig ist nur, was in uns ist,
nicht, was für eine Farbe Du darstellst oder bist!

Schwarz, weiß, gelb und rot.
Wir alle sind mit Haß im Herzen in Not.
Wieso können wir nicht alle das Gleiche sein?
Wieso lassen wir so wenig Liebe in unsere Herzen hinein?

Leider kann ich nichts gegen Deinen Haß mehr tun.
Wo ist die Liebe für die Menschen heute und nun?
Alles scheint gestorben.
Oder es schläft verborgen.

Jeder Mensch ist in sich selbst verschieden.
Da mußt Du nicht erst nach Ausländern suchen,
die zweifellos Deine Achtung verdienen.

Wenn die Farben von uns gegangen sind,
dann werde ich wohl nicht mehr leben.
Andererseits glaube ich nicht an Zeiten ohne Haß,
denn die hat es noch nie gegeben.

Ich weiß, viele können das alles nicht verstehen.
Aber was passiert eurer Meinung nach, wenn Menschen von uns gehen?
Schwarz, weiß, gelb und rot.
Alle werden sie gleich sein........nach dem Tod.

Wind

15.03.1998

Wind ist,
wenn die Seelen wehen,
wenn sie durch Mark und Beine gehen,
wenn sie streifend mich verstehen,
ohne mich zu übersehen.

Wind ist,
wenn die Seelen wehen,
wenn sie meiner Art nicht entgehen,
wenn sie mich in mir sehen,
ohne mich zu übergehen.

Wind ist,
wenn die Seelen wehen.

Wind ist,
wenn die Tränen tropfen,
wenn sie an mein Fenster klopfen,
wenn sie meinen Sinn verstopfen.

Wind ist,
wenn die Seelen wehen.

Wind ist,
wenn die Augen fragen,
wenn sie mir keine Antwort sagen,
wenn sie mein Herz mit Fragen plagen.

Wind ist,
wenn die Seelen wehen.

Wind ist,
wenn die Rätsel fallen,
wenn meine Gedanken statt zu reden lallen,
wenn Häßlichkeiten mir mißfallen.

Wind ist,
wenn die Seelen wehen.

Wind ist,
wenn Gedanken schwinden,
sich unter meiner Trauer winden,
ohne zu verschwinden.

Wind ist,
wenn die Seelen wehen.

Wind ist,
wenn die Trauer siegt,
wenn sie alles von mir kriegt,
wenn sie mich besiegt.

Wind ist,
wenn die Seelen wehen,
wenn sie durch Mark und Beine gehen,
wenn sie streifend mich verstehen,
ohne mich zu übersehen.

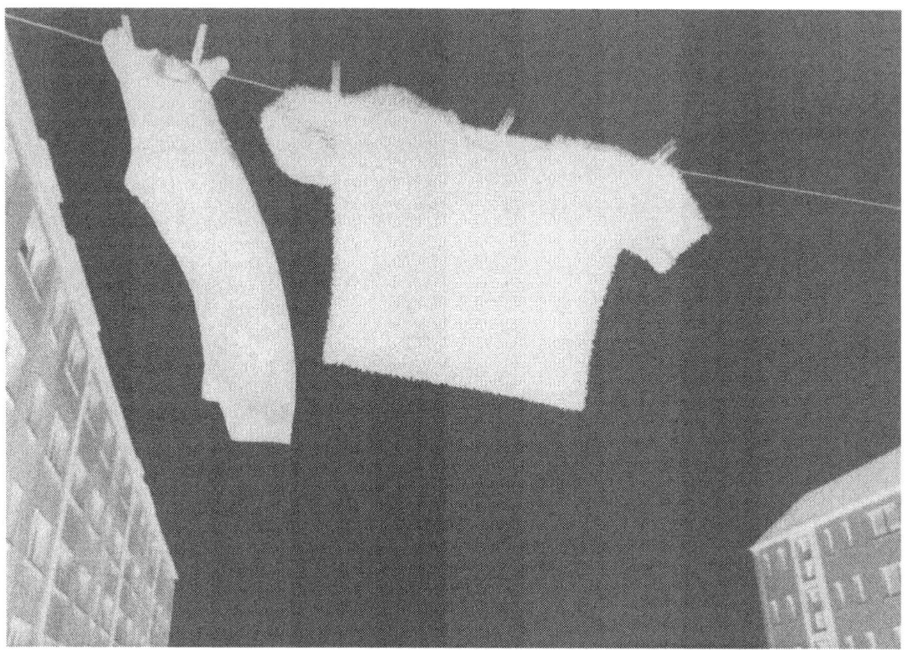

Der
Luxus - Nachteil.......

24.08.1994

Es war in einer stürmischen,
regnerischen Nacht.
Der Regen hämmerte wild gegen die Scheiben des Zimmers.
Ich erwachte ruckartig,
stand langsam auf und preßte mich gegen die kalten Scheiben.
Die Nacht war eisig und ich starrte gierig in sie hinein.
Ich wollte eins mit ihr werden.
Sofort.
Am liebsten wäre ich gleich weg,
aus dem Fenster in der Regen.............
Am liebsten wäre ich die ganze Nacht im Regen herum gelaufen.
Aber jetzt.........-........ JETZT!!!!..... nicht gleich.
Nicht,
nachdem ich mich angezogen habe.
Nicht,
nachdem ich die Schlüssel mitgenommen habe.
Nicht,
nachdem ich mich die Treppen des Hauses
nach unten schleichen muß...
In diesem Moment wünschte ich mir ein einstöckiges Haus,
wo ich aus dem Fenster in die Nacht hinauslaufen kann.
Zwei Stöcke sind so betrachtet nur noch Luxus.
Der Luxus - Nachteil.

Das Monster der Seele im Traum.

08.09.1995 & überarbeitet am 15. 10. 1998

Alles vorbei und gegangen.
Alles entzwei und vergangen.

Ich sah ES vorüberziehen, von mir gehen,
doch seine Augen konnte ich nicht sehen.
Das Monster in meiner Seele erschien mir heute Nacht.
Im Traum sah ich, wie es leise in jedem Menschen erwacht.

Alles vorbei und gegangen.
Alles entzwei und vergangen.

ES teilte kurz mit mir die Ewigkeit.
Wir fühlten uns vereint in unser beider Bitterkeit.
ES berührte im Traum mein Herz.
Heute erst kenne ich seinen wahren Schmerz.

Alles vorbei und gegangen.
Alles entzwei und vergangen.

Es zeigte mir den Tag,
den ich nicht mochte, den ich selten mag.
Es zog ihn über mich.
Dann lachte es über mich und sich.

Alles vorbei und gegangen.
Alles entzwei und vergangen.

Der Tag schien mir grau und alt.
Alt war er auch, das sah ich bald.
Vergangenheit klopfte an die Tür zu mir.
Vergangenheit seh ich im Heute in Dir.

Alles vorbei und gegangen.
Alles entzwei und vergangen.

Diesen Tag nochmals zu erleben,
ließ mich im Innern
mit dem Monster erbeben.
Ich habe diesen Tag gehaßt.
Heute machte ich vor ihm Rast.

Alles vorbei und gegangen.
Alles entzwei und vergangen.

Ich war mir bewußt, was das alles sollte.
Aber ich war mir unsicher,
ob ich das auch wollte.
Ich habe den Sinn in mir gesehen.
Alles Wesentliche war im Traum geschehen.

Alles vorbei und gegangen.
Alles entzwei und vergangen.

Ich sah den Traum an mir vorüberziehen im Gehen.
In ihm sah ich das Monster leise huschen und sich drehen.
Es ist nun Tag; Schweißperlen auf meiner Stirn.
Immer noch brennt der Lampenschirm.

Alles ist vorbei und gegangen, entzwei und vergangen.

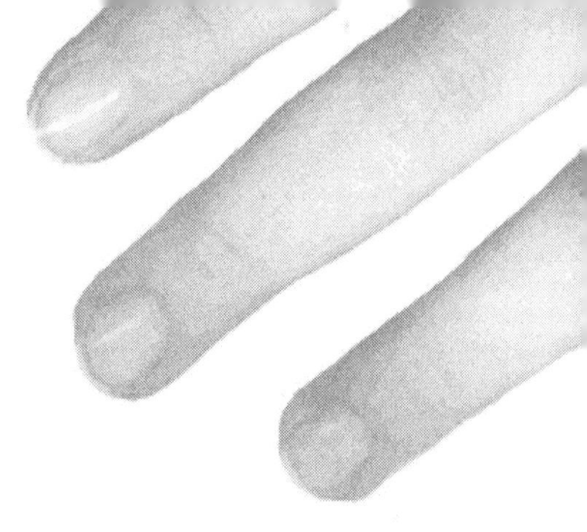

Wer ich wirklich bin

11.08.1998

Kann nicht zwischen den Zeilen lesen.
Mein Leben fängt langsam an zu genesen.
Zeig mir, wohin ich im Leben schwimm!
Zeig mir, wer ich wirklich bin!

Kann nicht in die Menschen schauen.
Fürchte es langsam, ihnen zu vertrauen.
Zeig mir, wie ich finde den Gewinn!
Zeig mir, wer ich wirklich bin!

Kann nicht ohne mich bestehen.
Will nirgendwo hin ohne mich gehen.
Zeig mir, wie ich mich verhalte ohne mein Benimm.
Zeig mir, wer ich wirklich bin!

Kann nicht sagen, was Du willst, kann es heute nicht sehen.
Kann nicht glauben was ich seh....da will ich in Dich gehen.
Zeig mir, wie ich in der Zeit zerrinn!
Zeig mir, wer ich wirklich bin!

Kann nicht glauben, was ich seh am Tage.
Die Nacht ist schwarz, was soll die Frage?
Zeig mir, wie ich meine Gedanken trimm!
Zeig mir, wer ich wirklich bin!

Gläserne Blicke

25.08.1995

Ich sehe, wie mich Blicke treffen.
Will mich nicht mit anderen messen.

Ich sehe, wie sie nach mir schmachten.
Will sie aber nicht beachten.

Ich höre, wie sie von mir reden.
Will ihnen keine Antworten auf ihre Fragen geben.

Ich sehe, wie sie das nun trifft.
So, wie sie denken, bin ich nicht.

Umgeben von gläsernen Blicken,
die meinen Atem in mir bedrücken
bin ich nun hier;
und Du bist bei mir.

Inmitten von geistigen Tritten,
inmitten von gläsernen Blicken,
beginne ich den Sinn des Neides zu kapieren.
Ich will ihn aber nicht kosten oder probieren.

Augen zeigen mich für Taten an,
die ich allerhöchstens raten kann.
Finger werden auf mich gesteuert.
In ihrem Köpfen bin ich fürs Mensch sein gefeuert.

Eigentlich will ich mich doch gar nicht mit ihnen messen.
Will ihre Blicke nur vergessen.
Dieser Blick, der gläserne da,
der ist mir unwürdig, der ist mir nicht nah!

Ich sehe, wie mich Blicke treffen.
Will mich nicht mit anderen messen.

Ich sehe, wie sie nach mir schmachten.
Will sie aber nicht beachten.

Ich höre, wie sie von mir reden.
Will ihnen keine Antworten auf ihre Fragen geben.

Ich sehe, wie sie das nun trifft.
So, wie sie denken, bin ich nicht.

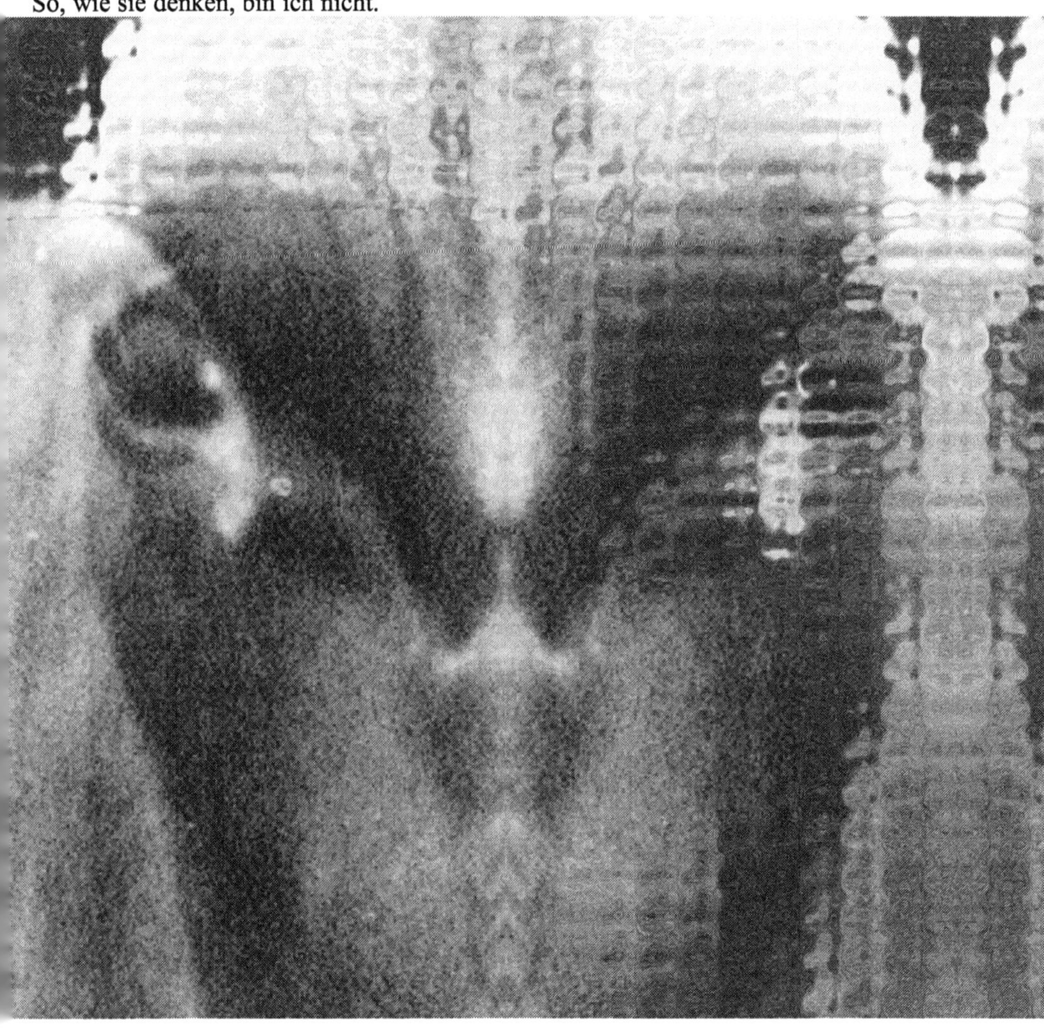

Grab

04.11.1995

Wind in meinem Haar.
Schnee rieselt wunderbar.
Kälte küßt mich rar.
Das Grab, das seh ich zwar,
doch einzig der Himmel ist wahr.

Weißer Schnee liegt auf dem Grab,
das es nicht im Herzen gab.

Kälte und Eis und grauer Stein.
Es will für mich kein Grabstein sein.

Wind weht über Blumen zum Gedenken.
Blumen werden meine Aufmerksamkeit sicher selten auf sich lenken.

Die Schrift in diesem Stein
will für mich kein Name sein.

Wind in meinem Haar.
Schnee rieselt wunderbar.
Kälte küßt mich rar.
Das Grab, das seh ich zwar,
doch einzig der Himmel ist wahr.

Was ich dafür kriege

11.08.1998

Ich habe Dich geliebt, zeigte Dir meine Liebe.
Sieh nur, was ich heute dafür kriege!

Haß und Neid und böse Worte.
Ich stehe vor einem, mit Deiner Herzenssorte.
Ich dachte es mir, ich wußte es schon.
Haß ist nun mein Lohn.

Ich habe Dich geliebt, zeigte Dir meine Liebe.
Sieh nur, was ich heute dafür kriege!

Verachtung und Heuchelei und böse Blicke.
Ich steh in mir, in meiner Mitte.
Ich dachte es mir, ich wußte es schon.
Verachtung ist nun auch mein Lohn.

Ich habe Dich geliebt, zeigte Dir meine Liebe.
Sieh nur, was ich heute dafür kriege!

Mißgunst und Vorwürfe und böse Gesten.
Entschuldige mich, denn das ist es für mich gewesen!
Ich dachte es mir, ich wußte es schon.
Deine Liebe war meine Illusion.

Ich habe dich geliebt, zeigte Dir meine Liebe.
Sieh nur, was ich heute dafür kriege!

Ich weiß nicht was ich will!

16.10.1995

Unsicher, ob es JA ist oder NEIN.
Wie ist es heute, wie soll es sein?

Wo ist der Faden, wo das Licht?
Tappen wir denn alle im Nichts?

Damals sagte ich JA, heute denke ich eher NEIN.
Was ist es? Und was soll es sein?

Heute ist das JA das Beste.
Morgen bleiben noch vom NEIN die Reste.

Was will ich denn haben?
Ich sehe so viele Gaben!

Will ich alles? - NEIN!
Sollte das JA jedoch besser sein?

Unsicher, ob ich mir nun eingestehe,
daß ich oft gespalten aus dem Hause gehe.

Zugeben will ich das freilich nicht.
Obwohl? Die Sonne der Ehrlichkeit scheint mir ins Gesicht.

Ich weiß nicht was ich will und warum.
Irgend etwas daran ist mir bald zu dumm.

NEIN, ich bleibe sicher hier!
JA, ich gehöre eigentlich nur mir!

Oh Mann, kann mir denn keiner sagen,
welche Dämonen mich im Inneren plagen?

Ich weiß nicht, wie ich das heute am besten drill.
JA, Du hast Recht! Ich weiß nicht was ich will.

Trennung von Abhängigkeit

05.01.1996

Haltsuchend rang sie,
haltsuchend schwang sie
sich auf die Insel die er ist.
Liebte ihn
und vergaß sich.

Ruhe streifte über sie.
Von ganzem Herzen liebte sie.
Stand sieben Tage in seinem Wind
und fühlte sich bald
wie ein ängstliches Kind.

Sie gab ihm alles,
er sollte das tun.
Am achten Tag
da fragte sie "Nun?"

"Du, der Du die Insel bist,
  die nur mein ist,
  bedarf meiner nicht?"

Die Insel ging unter,
ging munter hinunter
in die See.
Später kam der Schnee.

Später fror die See
und es wurde kalt.
Später fror die See
und sie wurde alt.

"Wie war es nur möglich,
  nichts mehr zu kapieren?
  Wie war es nur möglich,
  alles zu verlieren?"

Selbständigkeit,
Unabhängigkeit....
Mut zum Alltag?
Nein.
Ganz fort!-
Mut zum Leben?
Nicht an diesem Ort!

Das Wasser stieg.
Nur noch ihr Hals war frei,
um nun zu schreien oder zu singen.
Sie hatte sogar verlernt zu schwimmen.

Beinahe wäre sie ertrunken und gestorben.
Hätte sie nicht etwas in sich behalten, verborgen.
Den Mut, ohne die Insel weiter zu streben
verlängerte und beschütze nun ihr Leben.

Abhängigkeit fiel von ihr ab.
Sie richtete sich auf, wie ein Meterstab.
Aufrecht ging sie im Leben weiter.
Heute ist sie sogar ohne die Insel heiter.

Trennung der Abhängigkeit von diesem Mann.
Der Mann, der die Insel war, ist nun nie mehr ein Bann.
Es war gut, daß die Insel sich damals entfernte,
weil die Frau dadurch erst das Schwimmen lernte.

Menschen vergessen so schnell

30.08.1998

Der Tag ist blau.
Gedanken sind hell.
Ich fühle mich grau.
Menschen vergessen so schnell.

Gestern noch Freund und heute schon Feind.
Was ist nur passiert?
So war's doch nicht gemeint!

Der Tag färbt sich rot.
Gedanken sind hell.
Das ist mein leises Schlafesgebot.
Menschen vergessen so schnell.

Es kommt mir so vor, als ob mich das Leben trügt.
Bin ich es, die sich selbst belügt?

Der Tag färbt sich schwarz.
Gedanken sind hell.
Sie schleichen klebrig wie das Harz.
Menschen vergessen so schnell.

Was passiert mit uns wenn wir nicht rechtzeitig sind?
Bin ich die Frau, der Mann, das Kind?
Ich fühle mich allein,
beäuge das angeschwärzte Bein.

Der Tag ist nun Nacht.
Gedanken sind hell.
Ich hab das nicht vollbracht.
Menschen vergessen so schnell.

Der Käfig

21.08.1996

Ich fühle mich gefangen.
Warte jeden Moment auf den Niedergang dicker Eisenstangen,
die sich um mich herum zum Käfig falten
und von nun an über mein Schicksal walten.

Ich könnte gehen, jetzt sofort.
Sofort und gleich, aber irgendwas hält mich
ganz fest ganz stark und läßt mich verweilen.
Läßt mich einfach bleiben.

Die Umwelt um mich herum scheint mir nun so unschön auf mich einzuschlagen,
will mich unter sich begraben.
Sie will sich wissend
an mir laben.

Es hilft nicht wie sonst,
einfach die Zweifel beiseite zu sprechen.
Wer weiß, ob wir eines Tages
nicht daran zerbrechen.

Das ist mein Käfig.
Mit ihm muß ich leben.
Seine Stangen muß ich sehen.
Ihm muß ich mich ergeben.

Die Gitterstäbe um mich scheinen sich nun so unschön um mein Sein zu schlingen,
wollen gegen mich gewinnen.
Sie wollen mich wissend
in sich verschlingen.

Diesen Käfig baut sich ein jeder selbst.
Auch ich hab zu meinem beigetragen.
Würde auch gerne mich selbst vergessen...
und mich, WIE ALLE an Anderen laben.

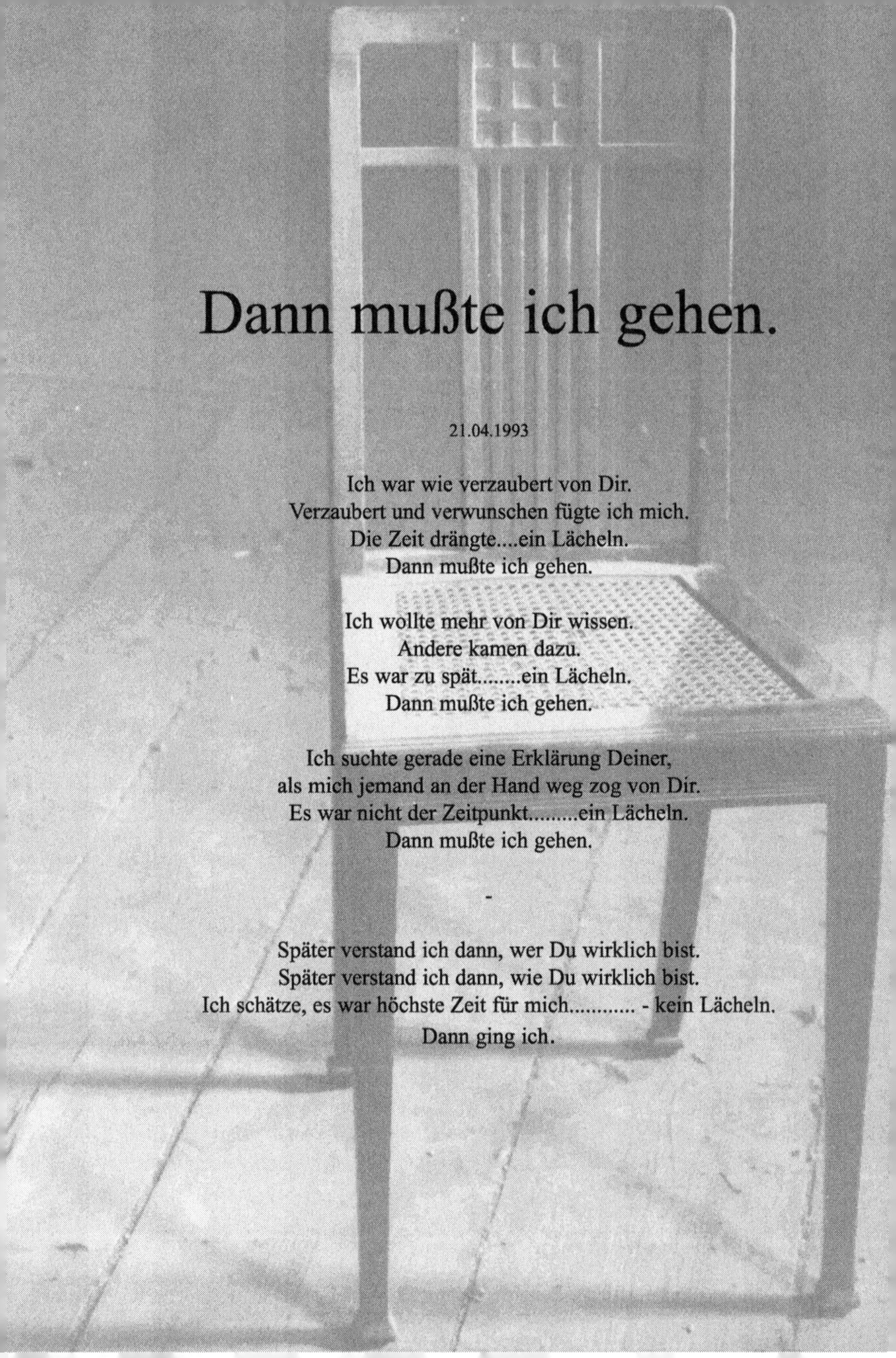

Dann mußte ich gehen.

21.04.1993

Ich war wie verzaubert von Dir.
Verzaubert und verwunschen fügte ich mich.
Die Zeit drängte....ein Lächeln.
Dann mußte ich gehen.

Ich wollte mehr von Dir wissen.
Andere kamen dazu.
Es war zu spät........ein Lächeln
Dann mußte ich gehen.

Ich suchte gerade eine Erklärung Deiner,
als mich jemand an der Hand weg zog von Dir.
Es war nicht der Zeitpunkt.........ein Lächeln.
Dann mußte ich gehen.

-

Später verstand ich dann, wer Du wirklich bist.
Später verstand ich dann, wie Du wirklich bist.
Ich schätze, es war höchste Zeit für mich............ - kein Lächeln.
Dann ging ich.

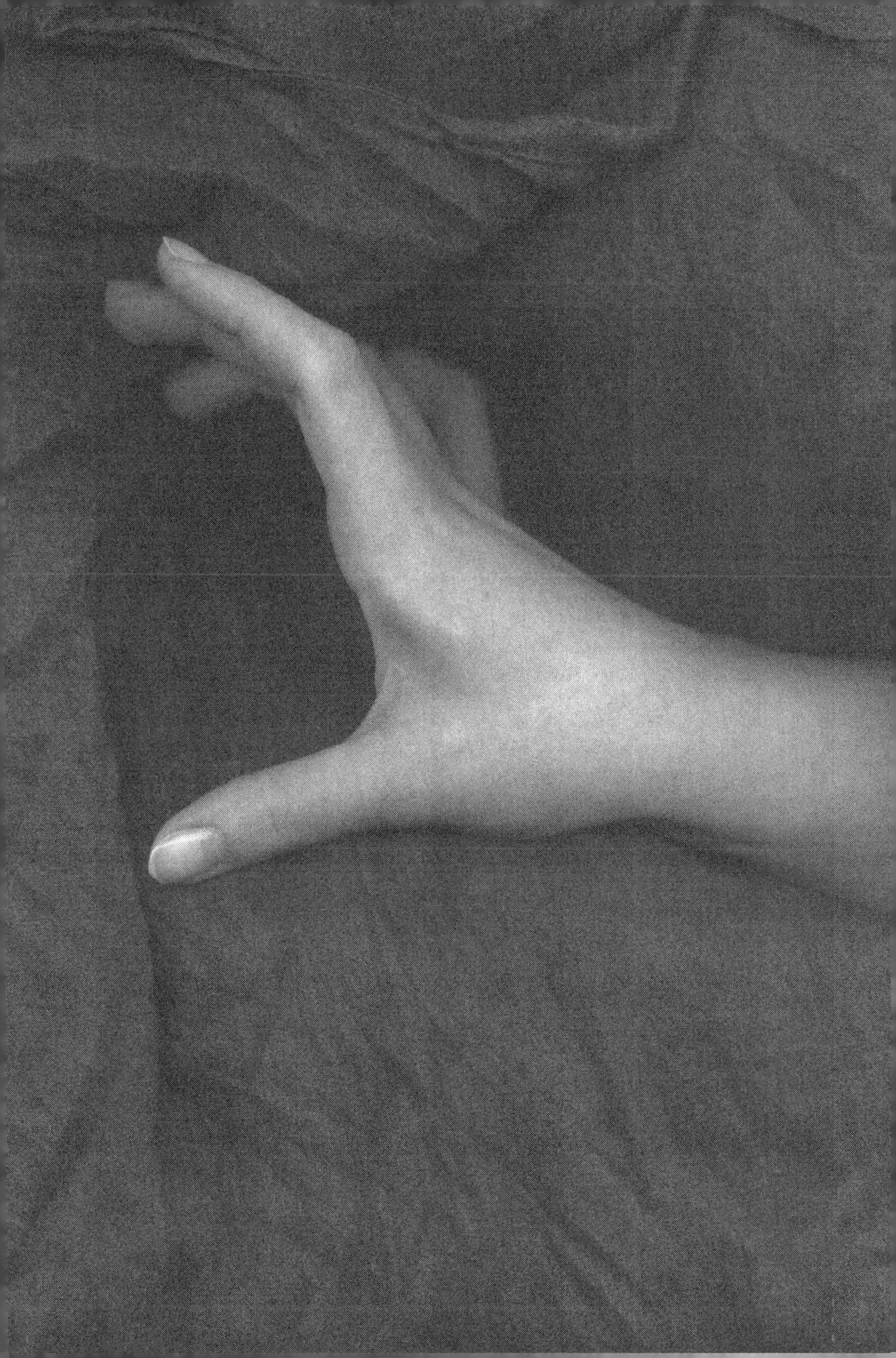

Nachwort

Danke Steffen (Wir haben es geschafft! Nach endlosen Layoutnächten und Ideengruben haben wir nun endlich was wir uns gewünscht haben. Ich bin stolz auf uns... und vor allem: ich bin stolz auf Dich, auf das was Du erreicht hast und was Du noch erreichen wirst in der Zukunft. Ich glaube an Dich.), Meino (Hey baby, I love you more! :) And now it is standing in this book! What can you say now about it, hah? - Thank you for coming in my life and thank you for making it more bright. You are my very special twin.), Tina (Wir zwei wissen, was wir an uns haben. Oft stellen wir für uns gegenseitig entscheidende Wegweiser und Stützen dar. Du weißt, Du kannst auf mich zählen.), Dana ("Operation Zwobot" wird in nächster Zukunft nicht stattfinden, aber in "Operation Selbsterkenntnis" waren wir gemeinsam unschlagbar. Wir hatten uns so viel zu geben - und es ist noch nicht zu Ende. ;) Ich danke Dir.), Ralf (Hey... wann gehen wir endlich wieder mal so richtig amerikanisch essen? :) Oder besser: Danke für Deine liebe Freundschaft.), Patrick (Danke für Dein Vertrauen, Deine Loyalität und Deine Freundschaft, Du Stier!), Walter (Wir werden nicht älter hoffe ich, nur noch viel hübscher und weiser... Ich bin froh, daß es Dich gibt.), Sascha (Hallo Fiddelä, lach nicht! Danke für Deinen Humor und Deine Stärke.) und ein Danke an alle, die für Inspirationen und Visionen gesorgt haben.
Viele Grüße an alle Gönner dieses Buches, an meine Familie, an Familie Boelens, an Renate F., an Herrn Wiemer (Ihr offenes Ohr und Ihr Verständnis sind eine wirkliche Bereicherung.), an Frau Mutschler (Noch heute denke ich gerne an Ihren inspirierenden Deutschunterricht zurück.), an Sebastian (HGW... ;) wie hälst Du es dort nur aus.), an Andreas E., an Dennis S. (Es war so ein langer Weg ans Meer und dann... ;) Obstsalat.) und an Familie Strom.
Ein Dank an dieser Stelle auch an alle Menschen, die mich durch ihre Unarten, durch böse Worte, ignorantes Benehmen, Unverständnis und zweifelhafte Verhaltensweisen zum Schreiben brachten. Schmerz inspiriert ... Ohne euch wäre ich zwar glücklicher, doch dieses Buch wäre halb leer.

Stefanie Graunke

Danke Steffie das es dich gibt, daß wir uns kennen gelernt haben und daß wir gemeinsam an diesem, unserem, Buch arbeiten konnten. Schreib weiter! Vielleicht gibt es für uns ein nächstes gemeinsames Projekt und hoffentlich weitere Jahre intensiver Freundschaft.

Steffen Walter